AF330450

DISCOURS

SUR

L'AMOUR DE LA PATRIE,

Prononcé

Dans le Chef-lieu du Département, en présence des Autorités consti-tuées, & de la Garde Nationale, le 14 Juillet 1792, jour de la Fédé-ration, par *JEAN-ANDRÉ MICHEL*, Vicaire épiscopal de la Manche.

Pro Patriâ quis bonus dubitet mortem oppetere, si ei sit profuturus! *Cic.*

À COUTANCES,

De l'Imprimerie de J. N. AGNÈS.

1792.

DISCOURS

SUR

L'AMOUR DE LA PATRIE.

PARLER de l'amour de la patrie devant les défenseurs de la liberté, c'est parler le langage le plus cher à leur cœur, c'est d'avance se concilier les esprits. C'est donc de ce feu pur & sacré qui embrâse vos âmes, que je veux échauffer celle de mes concitoyens. Heureuse mille fois la mere commune, la patrie, si les sentiments qui vous animent, deviennent ceux de tous les Français ! Nous n'aurons plus alors qu'une même affection, l'amour de la chose publique. Les préjugés, les petites passions disparoîtront, les intérêts particuliers céderont à l'intérêt général, & la Nation Française véritablement régénerée, jouira de tous les avantages que lui promet son heureuse constitution. Freres & amis, l'amour

de la patrie nous procurera tous ces biens ;
il éleve &agrandit l'âme , purifie ses affections & ses penchants , & la rend capable
des plus grands efforts.

Un des plus grands fléaux des empires ,
c'est l'égoïsme ; il mine sourdement leurs
fondements, & cause tôt ou tard leur ruine.
J'entends par égoïsme cet amour exclusif
de soi-même , ce vif attachement à ses intérêts particuliers , cette indifférence au
bien général , cette apathie , cet engour-
dissement de l'âme , si j'ose ainsi m'expri-
mer , lorsque le moi humain ne parle pas :
cette criminelle insouciance touchant la
prospérité ou le malheur de l'État. Voilà ,
freres & amis , un des vices les plus des-
tructeurs de toute félicité nationale, le plus
funeste aux empires , le plus horrible fléau
des sociétés humaines. Il avilit , il asservit
la Grece avant de la détruire. La maîtresse
du monde, Rome n'y put résister , & les
vertus du plus grand des Romains , de l'im-
mortel Caton , furent impuissantes contre
cet ennemi redoutable. La république ne
fut plus qu'un fantôme. Chacun s'occupoit

de ses intérêts personnels, nul ne s'occupoit de bonne foi de ceux de l'État. La République périt avec Caton, & perdit dans ce grand homme le dernier de ses citoyens. Qu'opposerons-nous à cet ennemi public, à ce fléau destructeur des empires ; au vil & honteux égoïsme ? Nous y opposerons le saint amour de la patrie. Si le premier corrompt les états, les enchaîne, mine insensiblement leurs fondements, & finit par les renverser ; le second les vivifie, brise leurs fers, les releve & les soutient. Si l'un dégrade & rétrécit les âmes, l'autre les agrandit & les rend capables des plus hautes entreprises. L'égoïste est nécessairement petit, craintif & lâche : le citoyen au contraire est grand, généreux, intrépide. L'un est fait pour l'esclavage, & l'autre pour la liberté : l'un ne demande que des richesses, des plaisirs, de frivoles & chimériques distinctions, les hochets de la sotise, & les livrées de la vanité ; l'autre aspire à des biens plus réels & plus dignes de l'homme. Le premier, le plus grand selon son cœur, est d'être libre & vertueux ; d'avoir une patrie & de l'aimer.

A 3

La douce égalité lui est chere , & la véritable fraternité fait sa joie & son bonheur. Il ne veut , il ne reconnoît d'autres distinctions parmi les hommes , que celles des talents & des vertus. Il ne les juge que par ce qu'ils sont en eux-mêmes. Il a grand soin d'en séparer tout ce qui n'est pas eux. Il préféreroit un charbonnier libre & vertueux à un esclave couronné chargé de vices & de préjugés. Sa plus douce jouissance est de servir sa patrie ; le titre de citoyen l'emporte dans son cœur, sur celui de pere & d'époux. Il n'est point de sacrifice qu'il ne soit prêt à faire à la mere commune. Delà ce généreux désintéressement , cette infatigable activité , cet héroïque devouement de sa fortune & de sa vie , & toutes ces mâles vertus que nous retrace l'histoire des peuples libres. L'amour de la patrie a dans tous les temps agrandi les âmes & enfanté des prodiges. C'est lui qui animoit Régulus indigné qu'au détriment de la chose publique on voulût sauver ses jours, plus fier de retourner à Carthage mourir au milieu des supplices , que ne l'étoient les vainqueurs en montant les dégrés du Capitole. C'est lui qui remplissoit de joie le cœur de Pédarette rejetté par le conseil des trois cents, de ce qu'il s'étoit trouvé dans sa patrie trois cents hommes valant mieux que lui. C'est cet amour généreux & sublime qui inspiroit cette immortelle Spartiate qui à la nouvelle de la mort de ses cinq fils tués dans le même combat, répond à l'esclave qui lui annonce ce funeste événement : Vil esclave t'ai-je demandé cela ? Nous avons gagné la victoire ; Courons au temple en rendre graces aux Dieux. Quelle mere ! quelle citoyenne ! Français, voilà de grands modeles sans doute : mais bientôt on n'ira plus les chercher chez les Spartiates & les Romains. Vous avez recouvré votre liberté, vous servirez de modele au reste des nations. L'amour de la patrie va faire revivre parmi vous les grandes vertus qu'on admiroit dans Rome & dans la Grece, & votre histoire aussi intéressante, & peut-être plus intéressante encore que celle de ces villes fa euses, testera des prodiges qui cesseont de l'être orsqu'on lira vos exploits.

A 4

Dassas & Simoneau, noms chers & sacrés à mon cœur, vous vivrez long-temps dans le souvenir des Français. Le touchant récit de votre généreux dévouement embellira notre histoire, & la postérité reconnoissante prendra plaisir à placer vos noms immortels à côté de ceux des Léonidas & des Curtius. Vous serez les hommes de toutes les nations & de tous les siecles, car les grands hommes honorent l'humanité toute entiere, & appartiennent à l'univers. On parlera de vous comme on parle aujourd'hui des Codrus & des Décius ; & dans un seul trait, qui réunira tous les éloges, on dira, les yeux mouillés de larmes d'admiration, ils sont morts pour la patrie ! C'est pour elle que naît & meurt le véritable citoyen. C'est dans la patrie qu'il concentre ses plus tendres affections. Il la préfere à sa famille, à son épouse, à ses enfants, à lui-même. Ce sentiment vif & doux a enfanté les plus grands prodiges de vertu. Il enflammoit les Brutus, les Caton, les Scévola & tous ces autres grands hommes dont les héroïques actions passeroient pour des fables ; si on ne sçavoit pas jusqu'à quel point l'amour de la patrie peut exalter les âmes. C'est une flamme pure & sacrée qui consume tout ce qu'il y a de bas & de rampant dans le cœur humain : les petites passions ne peuvent plus y trouver d'accès. Nourri d'idées fortes , plein de sentiments énergiques & profonds , accoutumé aux conceptions vastes , sentant toute la dignité de l'homme , connoissant tous ses droits & ses devoirs, le véritable citoyen est grand, simple , vertueux. Il ne vit que pour sa patrie , & ne sçauroit lui survivre. Les peuples libres connoissent seuls toute l'énergie de ce sentiment sublime. Il est étranger aux esclaves : les malheureux n'ont pas de patrie. Avant l'heureuse révolution qui nous a rendu notre liberté , nous n'avions qu'un pays. La France pouvoit compter vingt-cinq millions d'habitants , & pas un citoyen ! Nous osions cependant usurper ce beau titre , titre honorable , & qui ne convient qu'aux membres du souverain , qu'à des hommes libres. Aujourd'hui que ce droit précieux nous est acquis , que nous pouvons nous appeler citoyens Français , sentons-nous bien toute l'étendue de notre bonheur ? L'amour de la liberté & de la patrie parle-t-il fortement à notre cœur ? Est-il quelque sacrifice que nous ne soyons disposés à leur faire ? Français , nous avons recouvré le plus grand des biens : si nous avons le malheur de le perdre , nous ne le recouvrerons jamais. Songeons que c'est par de grands sacrifices & de grandes vertus , que les peuples acquierent & conservent leur liberté. Le désintéressement , le courage , la fermeté , la patience sont des vertus qui lui sont cheres. L'amour de l'or & des vains plaisirs , la lâcheté , la légéreté , l'inconstance , sont ses mortels ennemis. L'empire de la liberté ne s'affermit que par l'empire de la vertu. Un peuple corrompu est bientôt esclave. Ce fut par ses vices que Rome perdit le sceptre du monde avec sa liberté. Ce furent ses vices , ses éternelles dissensions, bien plus que les armes de Philippe , qui mirent la Grece dans les fers. Français , voulez-vous rester libres , ne négligez rien pour acquérir des lumieres, & sur-tout des vertus , soumettez-vous avec docilité à l'honorable joug des loix ; c'est le seul que des hommes libres doivent porter. Aimez votre patrie plus que vous-mêmes. L'arbre de la liberté pousse de profondes racines. Il se plaît à étendre au loin ses vigoureux rameaux ; mais il demande une terre forte , un sol bien préparé. Toutes les contrées ne lui sont pas également favorables , & tous les hommes ne sont pas également capables de digérer ses fruits. Ils vivifient les grandes âmes , & tuent les petites. Ils sont mortels pour l'égoïsme , l'ambition , la volupté , pour tout ce qui avilit l'homme & le dégrade : ils sont salutaires à la douce égalité, à la tendre fraternité , à l'énergie , au courage , à toutes les affections pures & vertueuses. Quiconque a mangé de ces fruits , ne peut en perdre le goût qu'avec la vie , tant ce goût est vif & durable. Les esclaves ne le connoissent pas , & voilà pourquoi ils restent engourdis dans leurs fers. S'ils le connoissoient , leurs fers seroient bientôt brisés ! Des insectes brillants , mais vénimeux , & de plus d'une espèce , s'attachent aux racines de cet arbre fécond. Inutiles efforts! leur foible dent s'émousse, les sucs nouriciers en circulent mieux, & l'arbre n'en devient que plus beau. Le ciel & le sol de la France lui font favorables: l'œil y suit facilement ses progrès: Bientôt il couvrira de son salutaire ombrage toute la terre des Francs. Il ne redoute plus les vents & les tempêtes. Il a triomphé de leurs efforts. Ces violentes secousses n'ont servi qu'à le rendre plus vigoureux. Freres, si notre activité & notre courage étoient tentés de s'endormir, pour les ranimer, songeons aux cruelles vexations de toute espece, qu'ont éprouvées pendant des siecles nos trop patients aïeux. Que n'ont-ils pas souffert ! Le bruit de leurs fers éfraye mon imagination, & leurs longs gémissements déchirent encore mon cœur. Jusqu'à quel point l'ambitieux Clergé n'avoit il pas porté ses prétentions ! Quels droits de l'humanité avoit respectés une Noblesse aussi avide qu'orgueilleuse ? Soldats de la patrie, le précieux dépôt de notre liberté vous est confié. Ne permettez pas qu'on ose y porter une main téméraire.

Sous quelque prétexte qu'on veuille atta-
quer les droits imprescriptibles & sacrés de
l'homme & du citoyen, vengez la mere
commune, punissez cet horrible attentat.
Nous voulons la constitution : nous l'avons
juré ; mais nous la voulons telle, qu'elle
assure à jamais notre liberté. Si elle ces-
soit de nous garantir ce premier des biens,
sans lequel la vie n'est plus qu'un insup-
portable fardeau, autant nous la chérissons,
autant elle nous seroit odieuse. Que la po-
litique & la ruse, que tout l'art des tyrans
n'espérent donc pas faire servir la constitution à la destruction de notre liberté. Toute
entreprise contraire à la déclaration des
droits de l'homme & du citoyen, sera tou-
jours aux yeux de tout bon François, une
entreprise criminelle & punissable. La Nation souveraine veut l'égalité, la sûreté des
personnes & des propriétés, la résistance à
l'oppression. Toutes les ruses & les violen-
ces du despotisme, ne pourront jamais nous
faire perdre de vue ces droits sacrés. Ils ont
leur source dans la nature plus forte que les
vains préjugés, & dans l'immuable volonté

du pere commun des hommes. Il a respecté lui-même la liberté de ses créatures ; quel insensé mortel oseroit entreprendre de la leur ravir. La force ne produisit jamais de droits, & les droits apparents qu'elle créa, sont légitimement détruits par elle. Il ne peut exister de contrat entre le maître & l'esclave, & l'on ne peut raisonnablement réclamer d'autres droits que ceux de l'homme & du citoyen. Toute institution contraire à ces droits sacrés, est vicieuse ; & toute loi qui ne les a pas pour bâse, est mauvaise. Nous avons juré de les défendre jusqu'à notre dernier soupir : renouvellons tous ensemble ce serment redoutable à tous les ennemis de l'égalité ; & dans les nobles transports que nous inspire un si beau jour, à l'aspect de ce temple antique où tant de vœux différents furent offerts au Dieu qui respecta la liberté de l'homme , sous les yeux de l'Être bienfaisant qui veut que nous jouissions de tout le bonheur que peut comporter notre fragile nature , disons, Vive la Nation , vivent la Liberté & ses braves défenseurs , vivent les amis & les freres.

O Dieu de l'Évangile, toi qui chéris l'égalité, la fraternité, donne à tous les sentiments que nous inspire la Patrie, toute l'énergie, toute l'intensité, toute la pureté qu'ils doivent avoir ! Que ta Religion sainte & amie des hommes, qui n'a d'autre but que de les rendre vertueux & dignes de leur bonheur, éteigne toutes les haines & tous les ressentiments ! Que tes loix sacrées, ces loix de douceur & d'amour renforcent les nouvelles loix de ma Patrie ! Tels sont mes vœux & ceux de tous les bons Français. Daigne les entendre & les exaucer.

F I N.

www.ingramcontent.com/pod-product-compliance
Lightning Source LLC
Chambersburg PA
CBHW061857080726
47597CB00010BA/4280